Seconda Edizione

Il Viaggio della Veggente

Il sentiero per l'Illuminazione

Almine

e Le pergamene dell'Infinito

Pubblicato da Spiritual Journeys LLC

Seconda edizione: Settembre 2014

Copyright 2009

P.O. Box 300
Newport, Oregon 97365

www.spiritualjourneys.com

Prodotto negli Stati Uniti d'America

ISBN 978-1-936926-18-3 (Hardcover)

ISBN 978-1-936926-19-0 (Adobe Reader)

Indice

"Un'esperienza indescrivibile capace di intravedere in una delle più consistenti vite dei nostri tempi. Questo libro è destinato a lasciare un'impronta indelebile."

Ambasciatore Armen Sarkissian,
Ex Primo Ministro d'Armenia,
Astrofisico, Università di Cambridge,
Regno Unito.

L'autrice

Almine è una mistica, una guaritrice e un'insegnante che per anni ha attraversato molti paesi, arricchendo migliaia di persone di avanzati concetti metafisici attraverso un insegnamento intelligibile. Sulla scia della sua umiltà e del suo altruismo, sono avvenuti inenarrabili miracoli.

Durante la sua vita, ricca di misticismo e sacralità, ha incontrato molti degli antichi maestri della luce che preservavano la memoria delle lingue degli antichi, sia in forma scritta che orale.

I suoi insegnamenti sono incentrati sull'idea che non solo è possibile vivere una vita di maestria e di amore, ma che è parte del diritto di nascita di ogni essere umano raggiungere tali livelli di perfezione. Il suo viaggio è un insegnamento per vivere nella realtà fisica mantenendo il delicato equilibrio tra la propria consapevolezza e la piena espansione.

*Quando viviamo nel momento viviamo
nel luogo del potere, allineati con il
tempo eterno e con l'intento dell'Infinito.
La nostra volontà si fonde con quella del
Divino.*

Almine

Il viaggio della veggente

Lungo e appassionato è stato il mio viaggio per comprendere il significato della vita. L'ho cercato in comunione con la natura, digiunando nel deserto ed in alta montagna. L'ho cercato negli occhi del saggio e dello sciocco, ma per poi trovare in loro solo le immagini di me stessa.

La mia ricerca mi portò molte risposte, ma le domande non cessarono mai. Le strade mi condussero in vari luoghi, ma poi ritornavano sempre a me stessa. Mentre giacevo sotto le coperte, tra le montagne del Montana (stato americano degli Stati Uniti), notai che tutte le stelle si avvicendavano lungo la ruota della notte fatta eccezione per la Stella Polare, immobile e serena sul suo trono celeste.

Così, come molti prima di me, mi rifugiai nel silenzio interiore, dove la voce della mia mente piena di domande fu messa a tacere. I fiumi scorrevano all'interno di me. Ero il vento e i cavalli selvaggi che correvano attraverso le praterie. La felicità era profonda e inghiottiva tutti i desideri. Non incontrai nessun confine. Le risate si propagavano attraverso le mie cellule. Assaggiai l'estasi divina come il miele sul palato.

Tuttavia, nel profondo del languore della mia espansione, una domanda echeggiava nella mia anima. Il sogno aveva lasciato la mente del sognatore, ma non era il sognatore ormai entrato nel sogno? Divenni immobile, come la Stella Polare, ma ormai abbastanza espansa da poter inglobare questo movimento.

Ancora una volta, sdraiata sul mio letto, contemplavo la vita muoversi all'interno, sentii un lieve sussurro: "la vita è un viaggio, non è un rifugio". Nello stesso modo in cui le masse vivono ossessionate dal loro punto di vista, così il saggio si attacca alla beatitudine con cui ingloba tutte le cose.

Nella sua ricerca la veggente aumenta il suo potere attraverso la percezione innalzandosi sempre più. Per il maestro dell'illuminazione, la cui ricerca di comprensione è terminata, il potere personale scivola attraverso le dita come la sabbia in un pugno.

Il viaggio a spirale della veggente, l'espansività livellata del saggio, vivere in questo interstizio, divenne per me la fase successiva. Risorgettero le memorie dell'infanzia e le risate. L'avventura dello sconosciuto e di orizzonti lontani che apparivano, fu rinnovata.

Eppure il bambino non può tornare nel ventre materno, né il fiume può tornare alla sua fonte. Rientrando nel dramma della condizione umana, recitando nuovamente la mia parte, sapevo che, benché questa parte avesse un valore, non ero più io l'attrice del copione.

Come un'aquila che sorvola il mondo io riuscivo ad avere una visione completa della vita e, allo stesso tempo, osservavo dal basso come una lumaca. Vivevo nell'occhio del ciclone, mantenendo la quiete interiore. Un'inquietudine divina mi fece avanzare. Sapevo che ci sarebbero state altre domande ancora senza risposta e cose ancora non viste.

Tutto ciò che viveva nella vita cosmica giaceva anche nel mio essere. Tutte le risposte dentro i regni della forma erano già state mostrate. Come i sentieri che avevo percorso sulla

Terra, adesso dominavo il tempo e lo spazio. Viaggiando attraverso i regni nascosti, dove pochi veggenti osarono spingersi, tra angeli e demoni, draghi e dèi, volevo imparare ciò che sapevano.

Ognuno di loro possedeva una pagina del Libro della Vita e tuttavia feci una grande scoperta: dentro il cuore dell'uomo, era nascosta l'intera Opera.

Tutta la conoscenza cosmica risiede nell'umanità ma è oscurata dall'egocentrismo. Il più denso di tutti gli esseri, l'uomo, è il microcosmo della vita macrocosmica.

È molto seducente scoprire e giocare tra i meravigliosi regni della luce. Tuttavia girando come un pesce che nuota sempre nella sua palla di vetro, così è la vita contenuta nel mondo conosciuto.

Ruota della Rigenerazione Perpetua

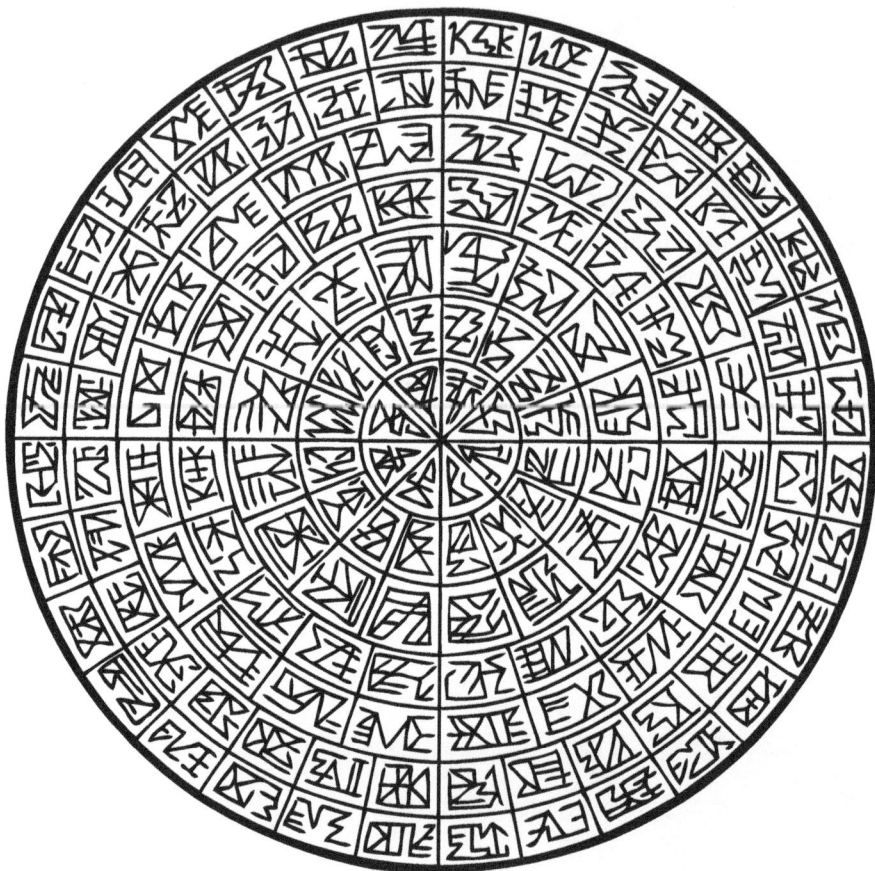

Più che una realtà, il tempo è uno strumento, esso contribuisce a sostenere l'illusione della forma. In assenza di tempo, la tirannia che prima ci portava a vedere solida ogni forma, lascia la sua presa.

Iniziai a scrivere una cronaca del mio viaggio, senza prendere in considerazione il fatto che qualcuno ci avrebbe creduto e altri avrebbero inceve riso delle mie parole. Come un'esploratrice alla deriva nel mare infinito, ho mappato i regni al di là della mente, nella speranza di poter lasciare all'umanità le chiavi della porta che la imprigionava.

La gloria della vita, rivelata nelle sue parti, sembrava tuttavia irreale. Viviamo in un mondo di specchi e per questo percepivo un crescente malcontento. Nel liberarci dalla mente, scappiamo dai nostri confini e riusciamo a vedere più chiaramente. Tuttavia, al di là dello spazio, del tempo e dell'illusione della forma, esistono ancora cose irreali.

Cercai la fine dell'Infinito oltre tutti i precedenti limiti, nei regni dell'eternità fino a che la stessa illusione del momento cessò di esistere. I campi energetici del mio corpo soccomberono alla pressione, quando vidi che gli specchi si ripetevano all'infinito.

Le fratture causate dal dolore e dall'angoscia del cuore portarono una grande benedizione. Quanta più luce io catturavo, più chiarezza guadagnavo per la trasfigurazione verso l'im-mortalità.

La mia mente si azzittì totalmente, come un lago che giace indisturbato sotto il chiarore della luna. Parlavo e scrivevo quasi involontariamente, senza che nessun pensiero mi turbasse.

Le lingue dei regni, i segreti delle particelle subatomiche della vita e tutto ciò di cui avevo bisogno di sapere mi apparve. Ormai non era più necessario cercare per il cosmo.

Sia che mi sedessi davanti al fuoco o che camminassi in una strada molto trafficata, i cieli si aprivano. Avrei visto grandi meraviglie. Gli strati multipli degli specchi che ruotavano nel nostro cosmo, non erano altro che gli strati di una membrana, come quelle che si trovano nella pelle.

Cumuli di cosmo tanto vasti come il nostro, giacevano lungo un percorso a spirale. Trovai dodici spirali. Essi formano un gruppo, tra i tanti, che si avviano verso l'eternità.

Non avevo più bisogno di viaggiare attraverso i regni misteriosi e nulla mi sembrava inaccessibile. Il mio corpo si evolse verso l'immortalità.

Ruota degli Angeli di Atlantide

*Il momento è definito da ciò che non è. Tutto ciò
che è definibile è irreale.*

Mentre imparavo e osservavo ciò che mi si presentava innanzi, profonde furono le risposte che mi si rivelavano. Vaste come le spirali che per l'eternità si espandono, esse non erano altro che i riflessi di un filamento di DNA.

Se qualcuno entrasse in una sala di specchi, una progressione infinita di immagini rifletterebbe in tutte le direzioni. Il minimo movimento inciderebbe su tutto. Così è la vita. Tutti i grandi cambiamenti della realtà rivelata, non sono altro che una proiezione delle piccole particelle subatomiche della vita.

Attraverso il cuore delle particelle subatomiche della vita brillano le immagini dell'immutabilità dispiegata della Vita Unica. Questa era la natura del Sogno.

Ruota degli Angeli di Lemuria

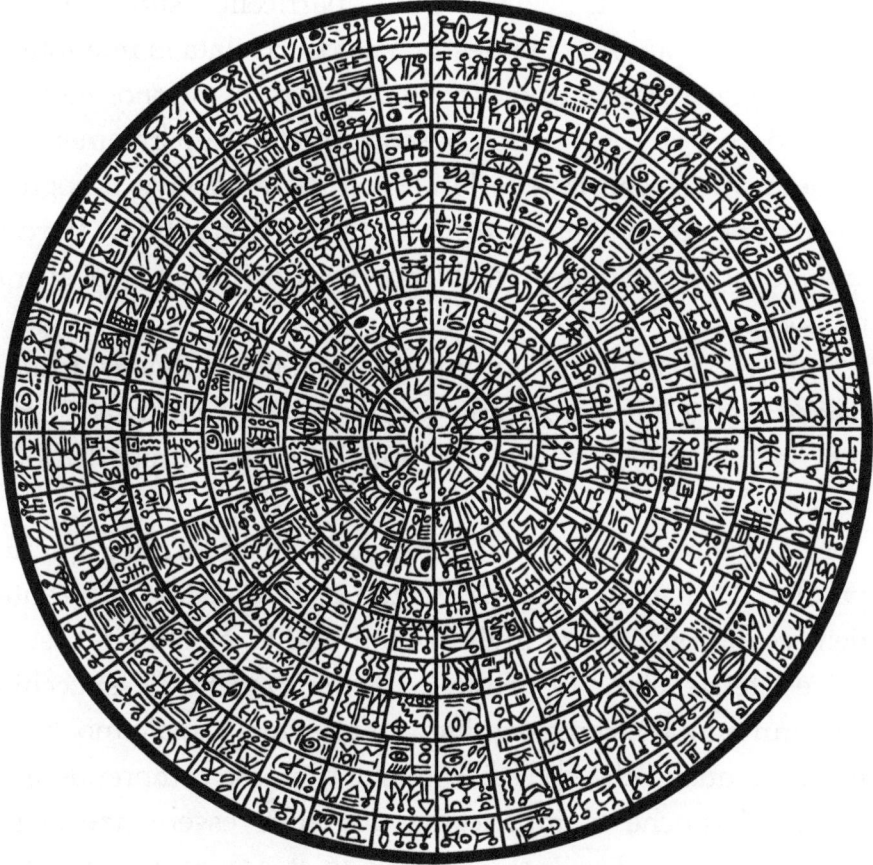

Attraverso le particelle subatomiche della vita, l'Infinito illumina il dispiegarsi del cosmo su un palco infinito.

Scrutai attraverso l'immensità, ma esse erano solo immagini specchiate. Come tutte le immagini riflesse, l'opposto di ciò che è, si trasmette in riverberi senza fine.

Ora, vedevo il cuore delle particelle subatomiche, attraverso la più piccola finestra. Fu così rivelata la mia follia. Non esiste né vastità né piccolezza, nessun interno, nessun esterno, così gli opposti non possono esistere separatamente.

Dentro l'esterno risiede l'interno. Nell'alba vive il sogno. Nel dispiegarsi cosmico si trova l'immutabilità infinita. Cercai la moltitudine all'interno dell'Uno, ma tutto ciò che trovai era me stessa.

Tuttavia, nello specchio vidi chiaramente le diverse forme dell'esistenza che danzavano sopra il palco della vita. Come non ce ne poteva essere un altro? Dov'era finita la loro bellezza?

Nel profondo del mio cuore sentivo sussurrare queste parole: "La bellezza che hai visto era la tua. Mai la vastità dell'oceano può essere divisa o definita. Vi è solo Un Essere nell'esistenza che si esprime in forma amorfa. Lo specchio che immaginavi, come un dito puntato verso qualcuno, ti ha mostrato quello che non sei, cosicché tu possa comprendere".

Quindi anche la mia forma dovrebbe essere irreale in quanto definita da ciò che non è e lo stesso palco sul quale ballo la danza della mia vita, formato da piccole particelle, è anch'esso un'illusione. Sono quindi io un osso cavo che non è mai esistito realmente?

"Senza l'osso cavo, non è possibile creare il flauto. Il soffio della Vita Infinita produce, attraverso il flauto, musica straordinaria".

Potrò così ballare indisturbata. Non farò nessuna riflessione su me stessa. Gli specchi non riuscirebbero mai a mostrare lo scopo della Vita Unica che, spontaneamente si muove attraverso di me. Nei confini della forma illusoria sentirò la gratitudine, cosciente che servirà come proposito per la spontanea creatività dell'Infinito.

La vita è incomprensibile. Non vi è nulla da capire, nessuno sforzo da compiere, quando siamo espressione dell'Uno. Dunque la creazione è il Creatore. Nell'Uno non può esserci nessuna relazione. Abbracciare la contraddizione vuol dire vivere una vita di pace.

Ruota per la Fusione delle Realtà

Le pergamene dell'Infinito

Quanto cercai, quanto in alto volai, per poter finalmente conoscere la pace dell'arresa? Questa casa cosmica è creata attraverso la Vita Unica e qui io sono tutte le cose ma, malgrado ciò, sono eternamente sola.

Eppure con le nostre ali dobbiamo possedere anche le radici con cui rallegrarsi delle cose della Terra. Le biblioteche sacre, con i loro doni più profondi, si trovano in molti luoghi, per coloro i quali sono in grado scorgerli.

Ascoltate ora la saggezza che ci offrono, saggezza da tempo custodita sottoterra.

Pergamene dell'Infinito I

Le pergamene dell'Infinito I

Cos'è l'immortalità, se non il prolungamento di un sogno a lungo dimenticato? La ricerca della stabilità è la follia della mente, che si aggrappa alla struttura, rifiutando di lasciarsi il passato alle spalle.

Quando il silenzio e il movimento si uniscono interiormente, l'immortalità può essere sostenuta all'infinito. Ciononostante rimanere ciò che si è senza cambiare è impossibile all'interno della Vita Unica.

Non arrenderti alla morte, ma domina la vita e cambia la tua forma come le nubi nel cielo. Come la danza della pioggia o come il corso di un fiume, lascia che la danza della vita sbocci dentro di te.

Pergamene dell'Infinito II

Le pergamene dell'Infinito II

Non lasciare che il corpo assuma il comando, ma domina le sue esigenze. Esso è uno strumento, uno spazio temporaneo che fluttua nell'Infinto. Dal momento in cui ne accertiamo l'esistenza, tutto ciò che vediamo intorno a noi è solo una possibilità.

Il corpo inganna, convincendoci della nostra comprensione. Questo crea l'illusione di un punto di riferimento all'interno del flusso eterno. Come per i piedi di un ballerino, il corpo deve obbedire. Nell'unione incantata con l'Infinito, questa danza non gli appartiene. Nessun successo, nessun fallimento egli può pretendere, bensì solamente l'unione con l'Infinito.

Pergamene dell'Infinito III

Le pergamene dell'Infinito III

Colui che pensa di sapere viene catturato all'interno della crisalide del conosciuto. Colui che vive all'interno dell'inconoscibile invece, vola libero come la farfalla.

L'illusione del conosciuto ci mantiene in una prospettiva terrena come il bruco che striscia sulla foglia, senza sapere che sopra di lui la farfalla danza con il vento. Per lui le possibilità della vita sono impercettibili.

Nessuna matrice, nessun programma e nessuna conclusione prestabilita possono esistere. Queste sono creazioni illusorie del Grande Ingannatore, la mente razionale; ingannata dai sensi è sedotta a pensare che la vita sia definibile tuttavia, la sua espressione si manifesta in maniera sempre nuova.

Pergamene dell'Infinito IV

Le pergamene dell'Infinito IV

Quando inventiamo un insieme di credenze, creiamo una rete di sub-creazioni. I fili delle nostre convinzioni derivano dai nostri tentativi di poter controllare la vita e definire la realtà.

La creazione è un'illusione, una semplice immaginazione. Quando crediamo che sia reale, la trama della vita svela una realtà illusoria. Sul palco della vita non può essere creato niente di nuovo in quanto l'immutabile e il mutabile risiedono nell'unità nella Vita Infinita.

Le illusioni, come ombre sul muro, sono evocate dalla nostra incapacità di comprendere che non abbiamo bisogno di creare la vita, ma piuttosto di partecipare alle sue continue sorprese.

Pergamene dell'Infinito V

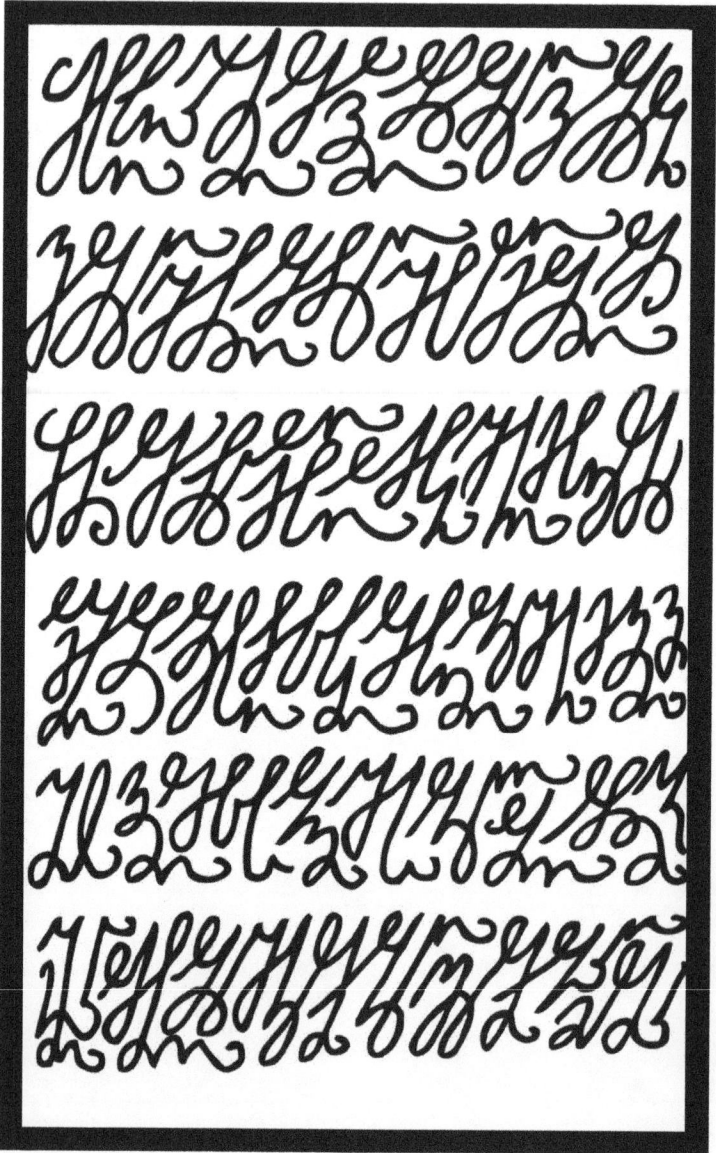

Le pergamene dell'Infinito V

È stato appurato che tutte le cose hanno un inizio. Ciò si fonda su illusioni duplici, un punto di origine avrebbe preceduto la creazione: poiché nulla fu creato e nulla fu iniziato. Risiediamo eternamente come espressione dell'Uno.

Non ricercare l'origine della vita. Non soccombere alla dipendenza del sapere in quanto la mente si fissa sulla certezza e si oppone al flusso immobile e incomprensibile.

Non esiste linearità, nessuna causa effetto quando ci troviamo nel tempo infinito come un Essere Eterno Unico.

Abbracciando l'assenza di forma

*E molti che, appena risvegliatesi all'alba,
desideravano liberarsi dal sogno, si
riunirono per chiedere ciò che i loro
cuori già sapevano, in quale modo la vita
poteva essere più di ciò che sembrava...*

Almine

Perché poi, con più di una manifestazione, tutto deve esistere come un Unico Essere?

Quando ci si risveglia dal sogno della vita, come forma amorfa nel mare infinito, nuovi strumenti sono necessari nello spazio incommensurabile, per danzare con l'Infinito in un abbraccio paradossale. Lasciate che la percezione multisensoriale sostituisca i cinque sensi. Quando il bisogno di sapere si dissolve, un sapere naturale sopravviene.

Dopodiché assaporerete il soffio del vento. Vedrete il suono della musica. Udirete i sentimenti del prossimo come una brezza in musica.

Perché i nostri occhi vedono nello spazio e la nostra vista divide e illude?

La distorsione della visione è causata da un inganno della mente. Riteniamo che la forma sia statica e che essa sia la realtà che vediamo.

Come possiamo liberarci definitivamente da tale inganno?

Liberandoci dalle catene che c'imprigionano nella convinzione di sapere, vivendo come bambini, esplorando l'ignoto.

Parlaci adesso del linguaggio... Perché quello che è detto ed affermato è quello che si realizzerà.

Nel ricevere una comunicazione, non ascoltatela con le orecchie. Lasciate che sia percepita dal cuore e da tutti i sensi che si celano dietro la comunicazione. L'assimilazione non può compiersi, quando la mente è affollata di pensieri. Quando i pensieri si placano, troverete il vero significato oltre il linguaggio.

È dunque il linguaggio uno strumento obsoleto per comprendere la realtà?

Sarebbe come catturare una stella cadente o tentare di raggiungere l'eternità.

Allora perché non trattenersi dal parlare se non vi è nulla da cogliere?

L'unico linguaggio che si sente è la canzone eterna dell'Infinito. Dove un Essere unico risiede nella realtà, la comunicazione non si spiega. La comunicazione fa parte della grande cospirazione della vita. Per poter danzare, essa si finge duale.

Quando si filtrano le parole degli altri il linguaggio è amico o nemico?

Partecipate al gioco che la vita vi propone, ma ricordatevi che nulla può essere ascoltato…

Che senso ha quindi giocare la mia parte quando è la verità quella che cerco?

Non cercate ciò che siete. La verità è l'Essere dell'Infinito. Il ruolo che state recitando serve per liberarvi dalle apparenze. Senza una pretesa non esisterebbe la danza delle forme individuali. Fingendo che vi sia una relazione, si crea una diversa espressione.

Parlaci dei cicli di vita, di ciò che ci ha preceduto…

Immaginate le fasi di un Sogno, niente di più.

Viviamo ancora in cicli che si ripetono all'infinito? Forse appena più grandi di quelli a cui avevamo assistito precedentemente?

I cicli provengono dal tempo lineare che girano a spirale tutt'intorno. Ovunque essi s'incontrino, il cambiamento ciclico sussiste.

È necessario cambiare visto che risediamo in una costanza incostante? Qual è la nostra responsabilità? Per favore, dacci queste risposte.

Da parte vostra non è necessaria una responsabilità precisa, quando l'Infinito dispiegarsi fiorisce attraverso il vostro cuore.

In quanto risiedo nell'Unità e in essa resto silenziosa, posso così assistere al disfarsi di tutti i domini dell'illusione?

Esiste solo la perfezione; persino l'illusione svolge ancora la propria parte. Non c'è nulla da migliorare. Basta vivere autenticamente attraverso il cuore.

Perché la perfezione non è così evidente, mentre il caos sembra regnare indisturbato? Perché c'è un'apparente manchevolezza e limitatezza e molti provano ancora dolore?

Da un punto di vista limitato l'ordine superiore non è visibile. Si presenta anch'esso come caos. Il dolore proviene dall'impossibilità di concretizzare; opponiamoci alla danza dell'Infinito. La nostra resistenza genera dolore.

Quale messaggio vorresti darci prima della tua imminente partenza?

Non è possibile scindersi da quello che si è. Noi siamo l'Uno e lo stesso...

La saggezza della veggente

Quando le direzioni tornano al cuore e la linearità cessa
di esistere, diventiamo la porta d'accesso per ogni cosa.

Il coraggio è necessario solo per superare le obiezioni
della mente. Quando la mente si acquieta, la giusta
azione si compie automaticamente.

La terra è la mia culla e il cielo è la mia coperta.
Ovunque io vada, mi sento a casa.

La mente crea degli specchi per poi combatterli. Quando
attendo in silenzio, tutta la vita si mostra.

La vita cambia senza mutare. Nel suo sviluppo, le varie forme si alternano. Malgrado possa sembrare distruttiva, essa possiede solamente una perfezione spontanea.

Materializziamo ciò che guardiamo. Ciò che viviamo si dispiega in infinite possibilità.

Ciò che è reale è incorruttibile e immutabile. Attraverso la falsità della forma, il reale brilla e la Vita Unica risplende.

Quando l'azione non ha nessuna premeditazione, il fare e l'essere diventano una cosa unica. Un tranquillo riposo distende il mio lavoro. Il lavoro non è più lavoro.

La bellezza può essere vista solamente, quando la mente
è quieta e il cuore è aperto. Che cos'è la bellezza, se non
uno scorcio momentaneo dell'Eternità?

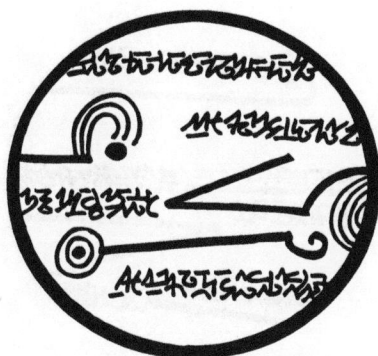

Laddove vi è divisione, vi è illusione. Quando qualcosa
può essere definita, questa è irreale.

Sapendo che la vita è un sogno, possiamo tornare ad essere sognatori lucidi, maestri dell'universo del sogno. La realtà, non più statica, fluisce e genera una vita di miracoli.

Vivere senza tempo non significa non prestare attenzione a ciò che è davanti a noi, ma a considerare codesto come tutto ciò che si ha.

L'iniziato sa che può mutare l'ambiente esterno
cambiando se stesso. Il maestro non conosce nessuna
differenza, egli percepisce il mondo che lo circonda
come se stesso.

Se l'essere umano necessita delle leggi esterne per poter
governare il suo inconscio, questo implica che egli è una
conseguenza di circostanze piuttosto che l'espressione
della Vita Unica.

La comunità può essere una benedizione o una
catena che imprigiona. Deve essere solo un mezzo
d'integrazione, non un tiranno che esige l'uso di una
maschera della conformità.

Il corpo è uno strumento superfluo che può essere
sostituito con un altro. Esso non è altro che un servitore.
La vera parte di noi è il maestro.

L'ambiente può servire come un riflesso di ciò che siamo, perché è ciò che siamo. È solo una peculiarità della nostra visione che lo mostra come separato.

La propria sicurezza viene dall'identificazione dell'io con l'ego. La fiducia in se stessi viene dal sapere della nostra infallibilità come la Vita Unica.

La pietà proviene dal senso di colpa. Il senso di colpa proviene dal giudizio e il giudizio proviene dall'incapacità di comprendere che tutto ciò che esiste ha uno scopo altrimenti non esisterebbe.

Quando ci guardiamo indietro, il passato rivive nel presente. Quando ci guardiamo avanti, creiamo un futuro ma con solo le possibilità del momento, senza il contributo dei momenti ancora a venire.

Per vivere oltre i confini della mortalità, si deve
vivere attraverso il cuore del nostro essere come se
fossimo una presenza vasta come il cosmo vivendo
un'esperienza umana.

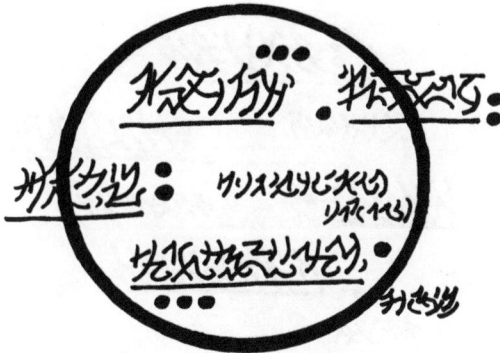

Per far sì che l'Uno possa esistere, tutti gli esseri devono
essere androgini e la loro mascolinità e femminilità
fondersi in una perfetta unione armoniosa.

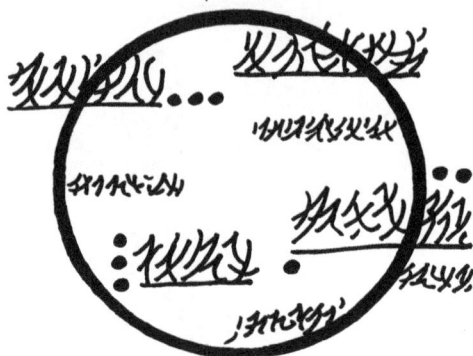

Qualsiasi comportamento programmato si deve dissolvere nella fluida espressione dell'Infinito attraverso noi stessi. Questo include le aspettative che condizionano le espressioni della mascolinità o della femminilità.

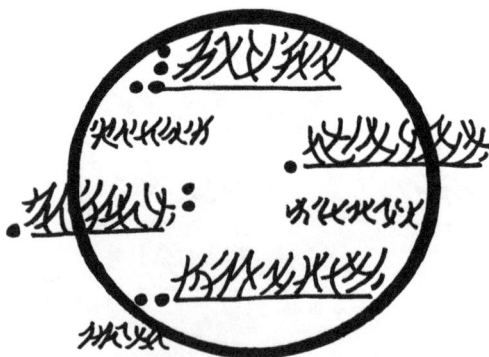

Abbracciando tutte le possibilità, le definizioni e le aspettative si dissolvono.

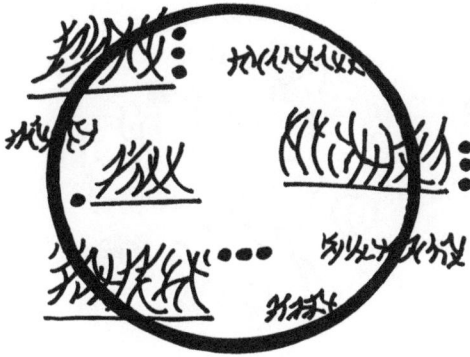

Siamo conduttori del flusso delle risorse infinite,
per questo dovremmo identificarci come dei custodi
piuttosto che come dei padroni.

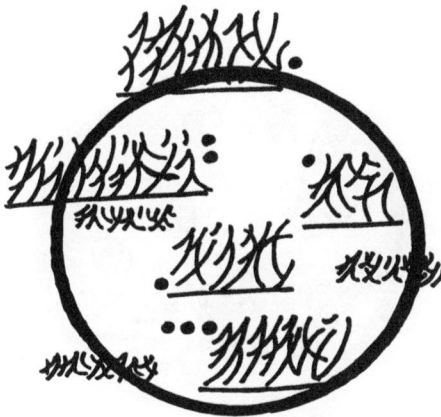

Nell'unità con la Vita Unica, riusciamo a disfarci
dell'illusione intorno a noi, vivendo nello spazio sacro.

Qual è il Sogno della vita se quelle note ancora non
eseguite che riposano tranquillamente come potenziale
della musica?

Apprezzate il valore dell'illusione perché ciò che
non è visto per i doni che porta, si deturpa nella sua
espressione.

L'individualizzazione proviene dalle ombre create da
ciò che è illuminato dalla Vita Unica.

Curare la dualità non significa porre fine alla canzone
suonando tutte le note insieme ma far sì che ogni
singola nota rifletta la sua interezza al suo interno.

Anche se la forma illusoria si annulla, fintanto che sappiamo con certezza che ciò che siamo non è alterabile, una nuova forma prenderà presto il suo posto.

Nessuno è veramente libero finché indossa la maschera dell'identità. Così facendo si diventa marionette nelle mani degli altri.

Come la ragnatela cattura la farfalla, così fanno le dottrine che catturano l'anima umana. Liberatevi da loro vigorosamente.

La canzone della vita è disarmonica, quando ci concentriamo sull'illusione, sulle note non ancora eseguite dell'esistenza. La nostra attenzione le trasforma da suono potenziale a toni discordanti.

Quando viviamo integralmente dell'Infinita Presenza,
rimane solo l'illusione che supporta la danza. Ciò che
intralcia la grazia della ballerina, si dissolve.

La bellezza vista con gli occhi è la bellezza illusoria
della forma che, come un vaso d'argilla, è attraente oggi,
in pezzi domani.

Quando il cambiamento è lineare, siamo portati ad
abbandonare la purezza innocente dell'assenza di
tempo, cercando così di conseguire obiettivi futuri.
Quando il cambiamento è esponenziale, il potenziale
del futuro è immediato.

Quando la bellezza è vista con il cuore, congiungiamo
la parte reale di noi stessi con la parte reale della vita.
Entriamo nella Vita Unica.

Il pensiero conserva intatto il passato, come calcificazioni limitano il presente. Solo sostituendo il pensiero con la conoscenza spontanea esse si sciolgono.

Forma e tempo sono uniti come le ali di un uccello immaginario in una progressione lineare. Quando si vive al di là del tempo, ci si distacca dalla forma.

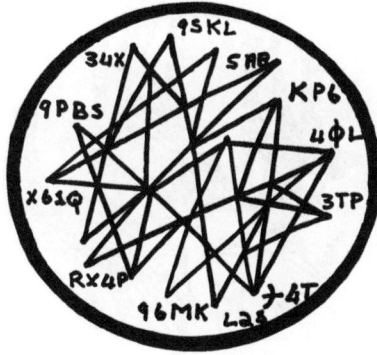

Ci impadroniamo delle abbondanti risorse quando
lasciamo il movimento della vita, che è il tempo.
Quando ci fermiamo, tutto viene attratto verso noi.

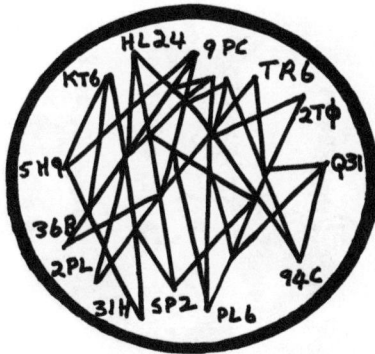

I rimorsi vengono, quando crediamo di aver avuto
successo o di aver fallito. Come parte dell'Infinito, la
vita scorre semplicemente attraverso di noi.

Il nostro piccolo Io non ha libertà di scelta. Tutta la vita è
diretta dalla Vita Unica. L'unico modo per essere liberi è
fondersi con la Vita Unica.

Le cause all'interno del Sogno non creano alcun effetto.
La Vita Unica sì. Quando non vogliamo più influenzare
la vita, i miracoli iniziano a fluire spontaneamente
attraverso di noi.

Crediamo di poter cambiare indipendentemente
dall'universo che ci circonda. Tuttavia noi siamo il tutto.
Quando noi cambiamo, tutto cambia.

La densità non esiste. Una parte dell'oceano non può
essere più densa di un'altra all'interno dell'indivisibilità
della vita.

La pace nel mondo proviene dalla pace interiore. La pace interiore deriva a sua volta dall'unione tra il nostro aspetto maschile e quello femminile in perfetta sintonia.

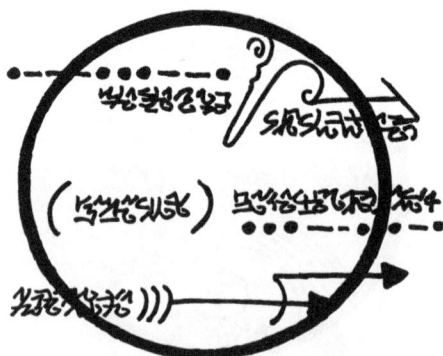

Quando cerchiamo di strutturare la vita, resistiamo alla vita stessa, che giudica e divide. Ammettere la sua unità permette l'evoluzione.

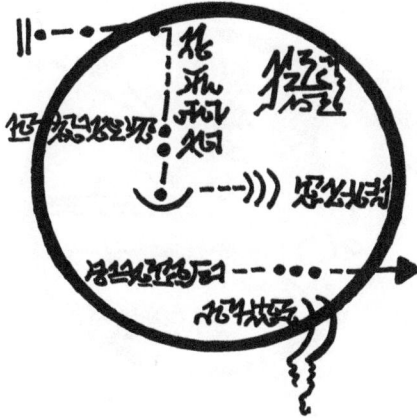

Il deterioramento esiste solo, quando vi è opposizione alla vita. La vera natura della vita è inattaccabile.

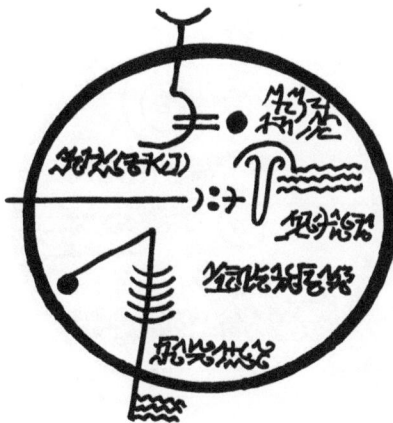

Non ci può essere ordine, quando essa è definita come struttura. È solo uno strumento di controllo creato dalla mente.

Non può esistere ciò che si definisce caos, nessun difetto nell'Essere Infinito. Il caos non è altro che il nostro modo di descrivere ciò che sfida la nostra comprensione.

L'onniscienza non si acquisisce attraverso la mente, ma sorge in maniera spontanea e naturale come espressione del cuore.

In nessun momento la vita esige la nostra comprensione.
La Vita Unica è onnisciente, ma dalla nostra prospettiva
limitata, rimane incomprensibile.

Ogni rapporto è un'illusione all'interno dell'Essere
Infinito, persino la profonda relazione tra l'osservato e
l'osservatore.

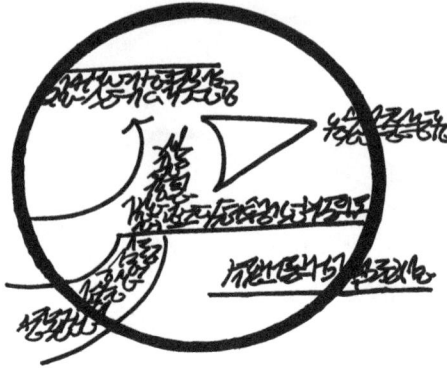

Con la creazione del rapporto con se stesso, la riflessione
ostacola la purezza del vivere spontaneo.

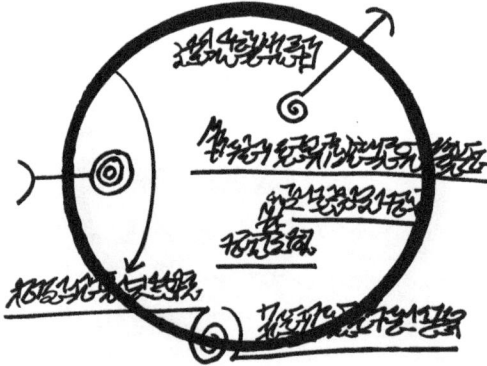

L'onniscienza e le abilità dell'Infinito sono a nostra
disposizione. Pretendere che l'apprendimento
sia indispensabili per raggiungere l'eccellenza, è
un'illusione.

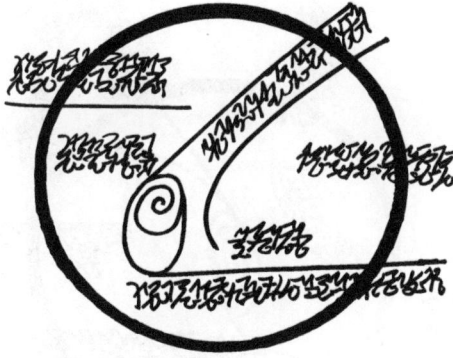

La vita intorno a noi si trova in campi striati di possibilità che prendono vita solo quando il canto della nostra esistenza li spinge a manifestarsi.

Il dispiegarsi sembra in movimento, ma questo è solo un trucco illusorio dei sensi. Non vi è alcun movimento, perché non vi è spazio o direzione nell'Essere Unico.

Tutti i livelli di coscienza hanno forma uguale a quella dell'Uno. La stessa perfezione scorre similmente sia nel saggio che nello stolto.

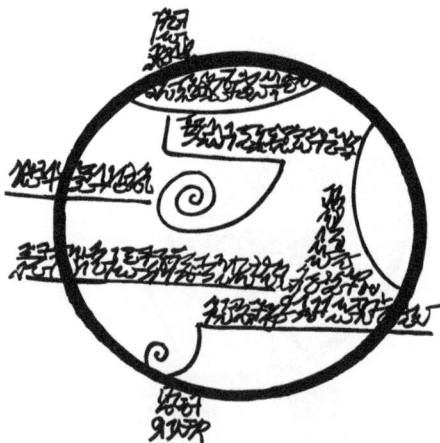

Il flusso della vita non è movimento. È un'illusione dovuta all'accentuarsi progressivo dei campi infiniti, come le note suonate al pianoforte.

Molti stimano la conoscenza e la cercano al di sopra
di tutto. Ma cos'è la conoscenza, se non la percezione
statica della vita svoltasi ieri?

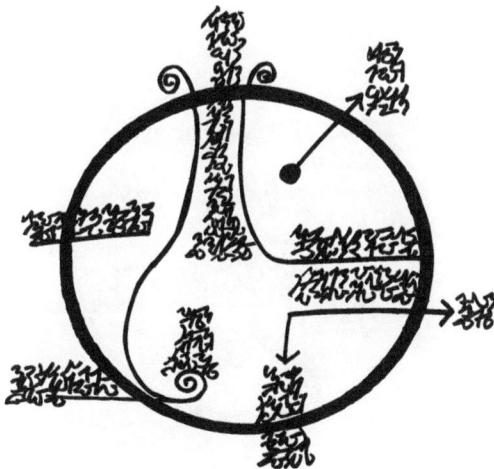

Non ci può essere gerarchia di conoscenza quando
questa viene definita come un'acquisizione spontanea
del momento, un dono a disposizione di tutti.

La bellezza che riflette l'espressione libera dell'Infinito
non può essere né modificata né svalutata.

Non ci può essere alcuna gerarchia di bellezza quando
ogni forma di vita esprime un'unica sfaccettatura del
suo sbocciare. Il giglio non può essere più bello della
rosa.

La bellezza, come la vera espressione della Vita Infinita, deve rinnovarsi nell'assenza di tempo. Il cosmo non contempla la staticità.

Quando le persone care muoiono, possiamo non essere in grado di comunicare tra i regni, ma ciò è ancora possibile all'interno dell'Unità del nostro Essere. La morte non può interrompere questa comunicazione.

Nel riconoscere l'unicità dell'uomo, acquisiamo tutte le diverse prospettive delle tribù umane, arricchendoci così interiormente.

Presumiamo di sostenere il peso dei secoli su di noi, ma per l'Infinito, è passato solo un momento.

La chiave per uscire dalla ruota in movimento lungo
il tempo lineare, per raggiungere la tranquillità
dell'Infinito, è liberarsi dal concetto di relazione e
comprendere che esiste un Essere Único.

I livelli d'illusione non verranno superati fino a quando
il loro valore non verrà riconosciuto. L'accettazione è
l'inizio della trasformazione.

La separazione porta conforto alle parti della Creazione
che si sviluppano a velocità diverse. Riconosci questo e
la separazione cederà all'unità.

L'evoluzione del cosmo, come quella di un bruco in
farfalla, può sembrare catastrofica, ma solo la perfezione
dei cambiamenti può essere compresa dalla visione
Infinita.

Il Sogno ha affinato il cosmo durante la sua fase
d'incubazione. Gli strumenti del Sogno sono stati lo
spazio e il tempo. Questi possono essere liberati con
gratitudine.

Non vi è alcun punto di partenza o di arrivo. Non è
necessario affrettarsi o sforzarsi quando la vita è vista
da una prospettiva eterna.

Nessuna approvazione degli altri potrà mai essere valida, in quanto loro non possono capire le prospettive uniche e il contributo che apportano alla nostra vita.

Nessuna approvazione di sé è necessaria, poiché siamo stati creati dall'allegria. Non c'è nulla da realizzare se non il godimento profondo della vita.

L'opposizione dev'essere riconosciuta con gratitudine,
come strumento d'individuazione. Ciò ha reso possibile
la danza gioiosa delle relazioni.

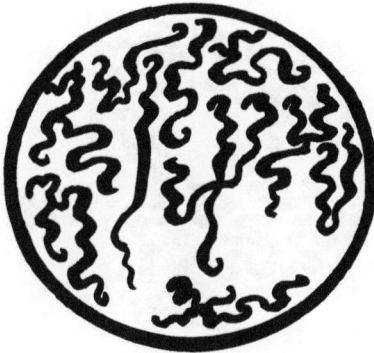

Nella vita nulla è mai stato fuori controllo. Appare così
solo dal nostro punto di vista limitato.

La verità è tutto ciò che esiste ed è il fondamento della vita. L'illusione è lo strumento temporaneo della verità.

Nella vita le gerarchie separano, a meno che non ci rendiamo conto che siamo sia punti alti che bassi della vita, le note alte e basse della sinfonia.

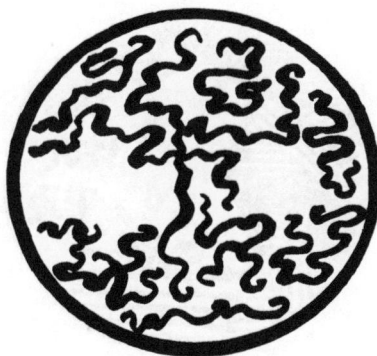

Spesso ci sentiamo responsabili di mantenere l'armonia
nel mondo che ci circonda. Da una prospettiva più
estesa invece, c'è solo armonia, perciò non c'è nulla da
sostenere.

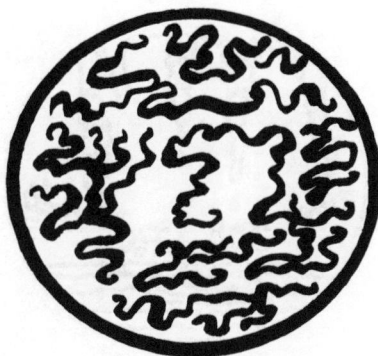

Contempla la perfezione della vita cosicché lei si rivelerà
con sincronismo eterno.

Le ombre nelle nostre vite non sono altro che trucchi fatti a noi stessi per mostrare i potenziali passati ancora inespressi.

Non importa lottare per il risveglio o permettere che esso avvenga senza sforzo, ogni comprensione arriva nel momento esatto previsto dalla Vita Unica.

Attraverso di noi la Vita Unica si esprime perfettamente
e autonomamente. Il violino più soave e il tamburo più
tonante hanno la stessa importanza all'interno della
sinfonia.

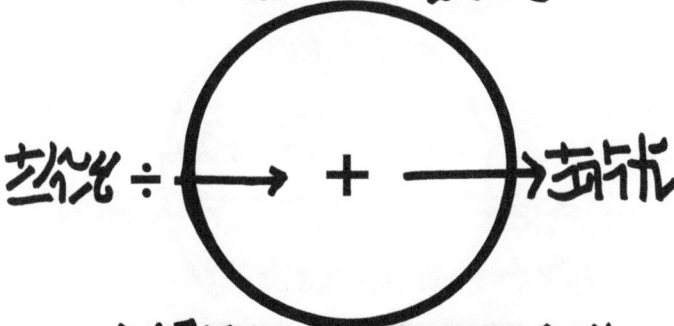

La vita è un'opera perfettamente diretta dove ognuno
recita il proprio copione. Anche quando c'è un'evidente
apatia di un personaggio, questo fa parte del
manoscritto.

La vita gira intorno a un unico punto. Ciascuno di noi è un asse e ogni nostra azione influenza il tutto in ogni momento.

Le dimensioni non significano nulla per l'Infinito che risiede in uno spazio senza fine. Quando percepiamo la nostra piccolezza in paragone all'estensione del mondo, pensiamo che questo ci possa annientare. Nella nostra realtà come vie d'accesso per la Vita Unica, noi siamo la causa, non l'effetto.

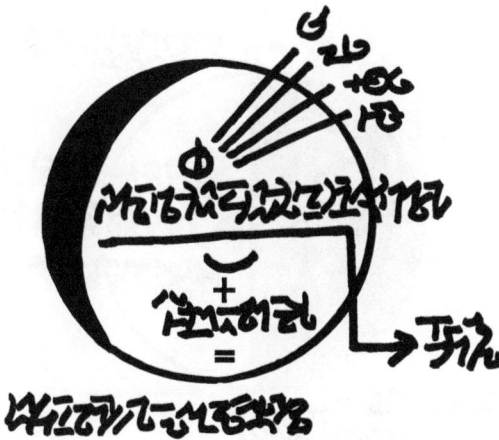

L'apparente felicità di chi vive nella ruota della vita, è illusoria. La felicità non consiste nel realizzare i nostri desideri, ma arrivare alla soddisfazione senza di essi.

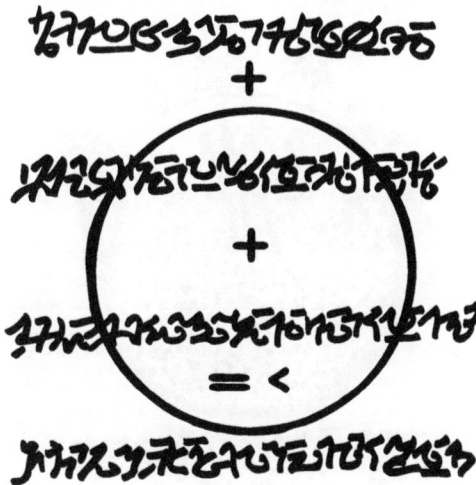

Esitiamo ad agire prima di poter garantire un risultato positivo. Tutti i risultati sono benefici nella sfera dell'Infinito.

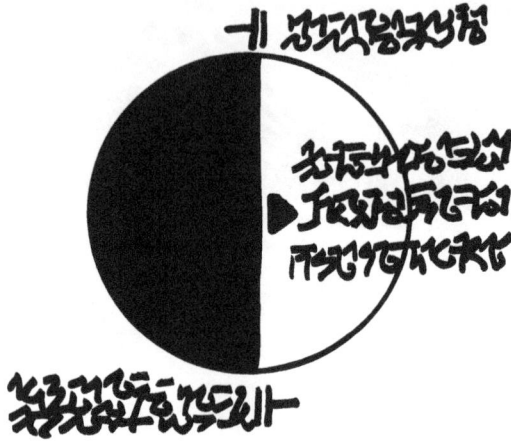

Lasciamo che la vita si riveli in noi spontaneamente e sinceramente, basandoci sulla consapevolezza che essa è favorevole a tutte le manifestazioni individuali.

Arrendersi alla solitudine e scoprire che non c'è altro essere al di fuori di Noi, ci porta alla consapevolezza che noi siamo il tutto.

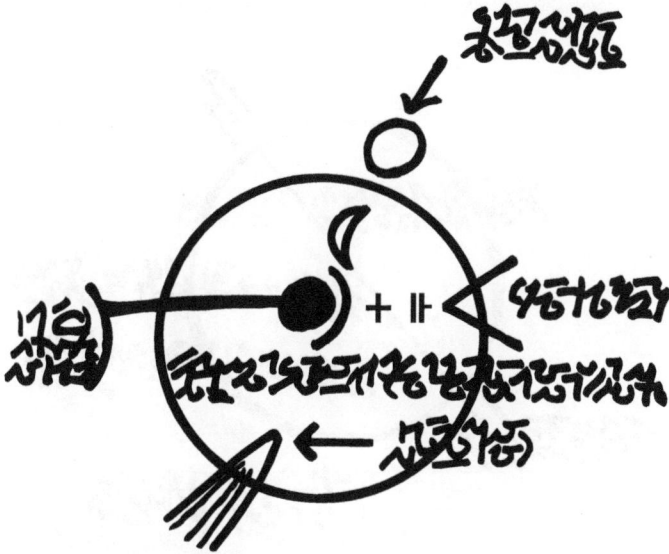

Tutte le zone di conforto sono costituite da ciò che è familiare e conosciuto, sia che uno si stia identificando col proprio ego o che si stia espandendo verso la maestria. La vita deve fondersi con l'ignoto per congiungersi all'Infinito.

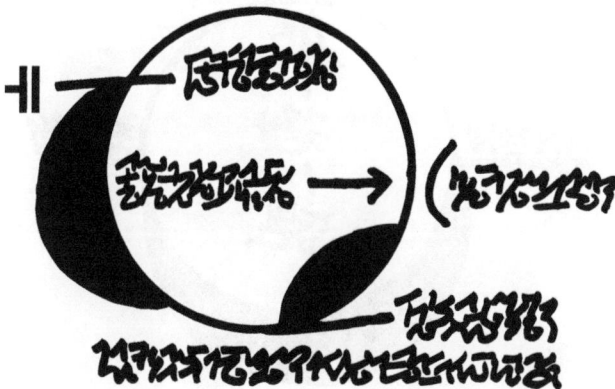

La crescita non è necessaria, così come non può esserci ristagno. Questa deve cedere all'esuberante impeto dell'Infinito.

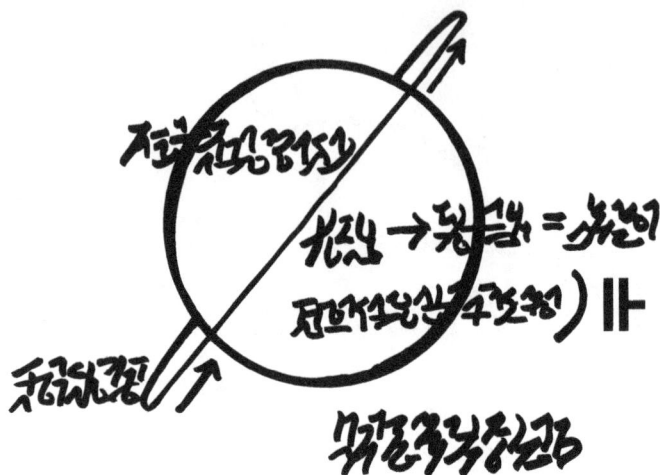

È nell'ambito della scoperta innocente della vita che nasce il maestro. Lasciate che il nostro mantra sia: *"Non so nulla. Voglio sperimentare il tutto nell'assenza di tempo del mio essere"*.

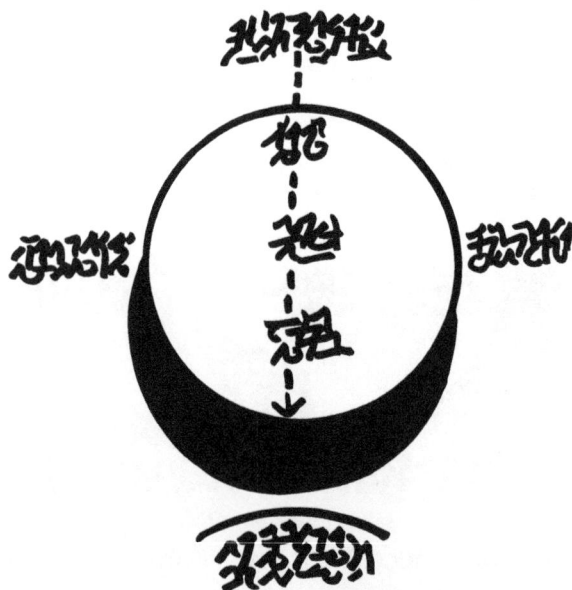

La tendenza ad etichettare le parti della vita, al fine di placare la ragione e sostenere l'illusione della prevedibilità, ci sottomette alla forma. Per raggirare questo, possiamo imparare dalla vita facendo attenzione al presente.

Quanto più ci concentriamo su una cosa, a dispetto di altre, più la vita diventa limitata. Focalizzarsi su una qualsiasi parte della vita è come tentare di contenere una fontana zampillante in un secchio.

Siamo come porte per la compassione Infinita. Amare gli altri prima di amare noi stessi non è possibile in quanto è l'amor proprio che apre le porte del cuore.

Al di fuori della Compassione Divina, tutti gli atri tipi
d'amore sono sub creazioni dell'uomo. L'amore umano
lega, la Compassione Divina libera tutti i potenziali.

Quando non viviamo riconoscendo l'interdipendenza
della vita, la frammentazione dell'io causa una follia
egocentrica.

La convinzione non può essere considerata attendibile.
Tuttavia, molti ancora la seguono ciecamente perché
sono portati a pensare che possono comprendere,
quando la vita è essenzialmente incomprensibile.

La genialità non ha intelletto, è nel maestro con la mente
vuota che sa senza doversi sforzare.

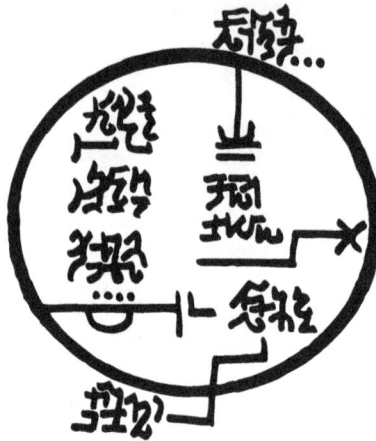

La paura di sbagliare, unita alla consapevolezza che la vita è inconoscibile, spinge l'uomo ad aggrapparsi ai frammenti della verità del passato. È con la fiducia in se stessi come l'Essere Infinito, che ci liberiamo da ciò che è obsoleto.

Pensiamo di poter procrastinare ma il cosmo si dispiega con tempismo impeccabile. Siamo sempre puntuali.

La scansione del ritmo della danza della vita è
orchestrata da qualcosa che sembra ritardato.
Impeccabile è però la regolarità dei passi della danza.

Il timore profondamente radicato che l'Infinito possa
comportarsi in maniera distruttiva deriva dal nostro
percepire la distruzione del vecchio come cataclisma. Da una
prospettiva estesa ed eterna, la vita si manifesta in tutta la
sua grazia.

93

L'oceano della coscienza che ognuno di noi rappresenta non si lamenta delle sue privazioni ne gioisce per dei suoi guadagni. Nella sua vastità l'oceano fluisce come mare d'espressione infinita di sé.

Come un bambino disobbediente verso la guida della Vita Unica, osserva con umore benevolo le marachelle della mente ma, come un genitore saggio, non le assecondare.

Nel gioco della vita, coloro i quali sono portatori di
luce planetaria, svolgono anche il ruolo dei punti di
snodo degli archetipi della vita. Questa conoscenza
subliminale può esortarli a salvare il mondo, ma la vita
fluisce attraverso di loro senza sforzo.

Giacché la vita si muove attraverso di noi, non abbiamo
libero arbitrio e, pertanto, nessuna responsabilità. Il
concetto di libertà è come la mano che dice al corpo,
"voglio essere libera".

La tribù è uno dei meccanismi della vita che porta a legarsi alle conformità, mantenendo così gli individui nella mediocrità. Coloro i quali desiderano vivere nell'eccellenza devono liberarsi dalla tribù.

La saggezza di ieri si è conclusa nel sogno di ieri. Ci vuole poco per concludere il sogno di oggi.

Se dai da mangiare alla tigre questa ti divorerà la
mano. Non si può giustificare moralmente l'intento
di ammansire o arrendersi all'ir-reale perché è
disfunzionale.

Lo svolgersi della vita non è percettibile in quanto la vita
si muove e cambia continuamente. Questo non crea alcun
punto di riferimento con il quale misurare i cambiamenti.
La vita si rinnova interamente in ogni momento.

Nel cammino per la ricerca di sé, alcuni la inseguono negli altri. Il saggio la cerca nella metafisica del cosmo. Entrambi i modi sono ugualmente validi nel rivelare il mistero senza fine.

La conoscenza di sé precede l'amor proprio. Tuttavia l'unica vera conoscenza di sé che possiamo raggiungere, è che siamo uno strumento infallibile e puro della Vita Unica.

Quanto più lottiamo per raggiungere l'illuminazione, maggiore sarà la forza che ci trattiene in basso. La lievitazione deve essere bilanciata dalla gravitazione. Solo nel cambiamento immutabile non esiste polarità.

Per mantenere il dispiegarsi della Vita Unica, i nostri sforzi per portare l'illuminazione alla vita aumentano l'illusione degli esseri d'ombra. In questo modo la sinfonia cosmica è sempre armonica.

Trasa belech-
vinas hersetu-ara
Keret usalanach subit
vera vi'leshvi seklevi
arasta minech selanut
Kires erekle trahur
nasarut herkla ba
rusetvi aranet

"Non ci sono esseri d'ombra", dice il maestro del conosciuto nuotando nel suo acquario irreale della vita. "Ci sono esseri irreali d'ombra", dice il maestro dell'ignoto in quanto lui li crea accedendo al potenziale inesplorato che essi rappresentano.

La Creazione è un sogno in quanto nella Vita Unica l'individualità non può mai esistere. In piena cooperazione con l'Infinito, si trasforma in un piacevole sogno.

Programmi di vita strutturati, come il condizionamento
sociale, agiscono come virus generando una realtà
dissonante. Osserva le origini delle tue azioni in modo
che non seguano la programmazione.

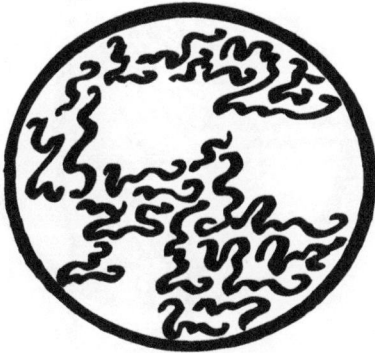

Finché esiste una programmazione delle nostre vite,
i nostri sentimenti non saranno fonti attendibili per
guidare il dispiegarsi dell'Infinito attraverso di noi.

Non vi è alcun fato o destino. Nessuna missione divina
da compiere. È la tirannia della ragione che esige una
giustificazione della nostra esistenza, al di là della gioia
di vivere.

Molti credono che ci siano dei momenti chiave da cogliere
per poter sfruttare le opportunità della vita. Poiché la vita è
imprevedibile, questi momenti possono essere percepiti solo
a posteriori, come quei cambiamenti inevitabili nel ritmo
dell'Infinito.

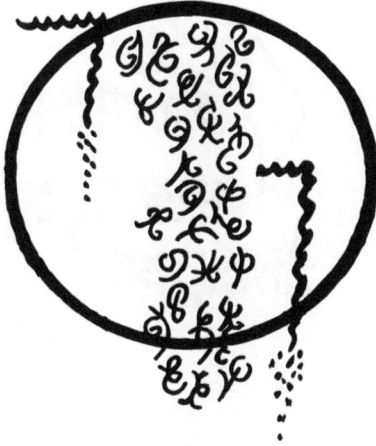

Le etichette non sono altro che valori altrui che
censurano le nostre azioni. Lascia che la decisione di
liberarsi dalle preoccupazioni, come il giudizio e le
opinioni degli altri, sia presa consapevolmente.

Il discorso senza autenticità rafforza il maschile, qualità
separatrice della vita. Parlare con il cuore promuove
l'unità.

Molti cercano di persuadere il prossimo attivando, con
convinzione, i toni subliminali della voce. Per evitare
di diventare vittima di questo fenomeno, ascoltali con
distacco.

Il linguaggio di chi comunica i fatti è morto. Le
parole di chi parla col cuore sono vive. Questo perché
contengono l'intero spettro di suoni.

KLUHA - SEREBA
ANUNAT

Parla solo quando il tuo cuore ti invita a farlo. Solo
allora le tue parole saranno di natura androgina. In
questo parlerai la lingua della Vita Infinita.

Lascia che il tuo parlare sia una causa piuttosto che
l'effetto di un discorso altrui. È da maestri rispondere e
da sciocchi reagire.

Non difenderti. Che bisogno c'è per chi abita nell'innocenza dell'Infinito di dimostrare qualcosa? Non esiste che l'innocenza.

Colui che parla non può ascoltare. La vita sussurra i suoi misteri all'orecchio di chi ascolta in silenzio.

Ci sono persone che girano attorno alle parole e altre che parlano in modo diretto. Ascolta il significato che sta oltre il cerchio e senti il significato oltre l'ovvio della linea retta.

Molti programmi strutturati dalla mente, come la religione, hanno ridotto il valore del corpo. Sono strumenti per controllare l'indescrivibile meraviglia del corpo.

Il corpo, nel suo stato originale, non è soggetto alla morte. Solo quando la sua luce non è accompagnata dalla luminosità può morire. La luminosità si esprime attraverso la vita autentica.

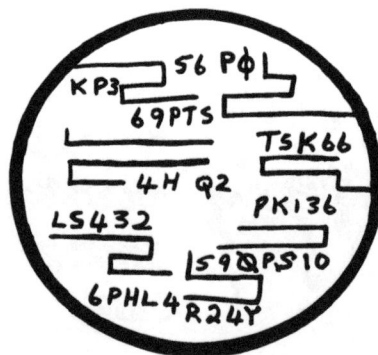

La reincarnazione avviene in quanto evitiamo e rigettiamo alcuni aspetti della vita. Durante la nostra esistenza oscilliamo tra quello che respingiamo e quello che comprendiamo.

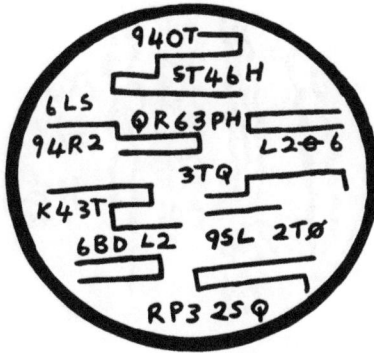

Quando viviamo una vita programmata, come una farfalla in una ragnatela, non possiamo dire quando un altro filo di programmazione subliminale ci catturerà. La libertà dai condizionamenti rivelerà l'intrusione di pensieri altrui.

Non lasciare che le azioni corrette siano poi rimpiante. Tutte le azione intraprese vivendo autenticamente, portano beneficio a tutti, anche se questo non è sempre evidente.

Quanto più si percepisce la divinità negli altri e
riconosciamo l'unità, più interiorizziamo i loro doni
individuali.

Come la vita si muove attraverso di noi, la sua danza
può essere eseguita con piacere o con resistenza.
Il piacere deriva da un senso di avventura e la
soddisfazione dalla non resistenza.

Nessuna storia esiste. Nessun futuro attende. C'è solo il momento che si estende nell'eternità.

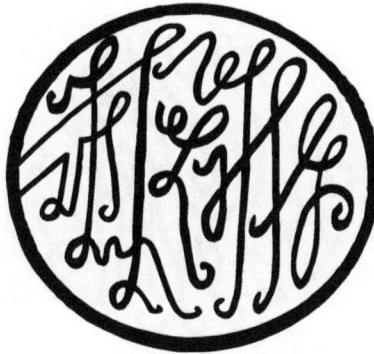

La solitudine è l'inizio della grandezza. È il luogo dove incontriamo l'Uno Infinito.

Dalla lealtà nasce la cecità. Guarda il prossimo intorno a te in modo diverso ogni giorno, evitando così di tenerli confinati, indulgendo la loro follia.

Tutto ciò che è passato ha portato alla perfezione del momento; l'inizio dell'assenza di tempo è la culla della Vita Eterna.

Conclusione

Benedici le catene che ti hanno imprigionato, così come il bruco in segno di gratitudine si ripara nella sua crisalide. Durante l'incubazione riposavamo, in attesa della nostra entrata nella maestosa presenza della vita dell'Infinito.

Come la farfalla che si alza in volo nel vento e dispiega le sue ali sotto i raggi del sole, non ricordare la tua reclusione con risentimento. È stato il grembo che ha portato alla nascita dell'inattaccabilità.

Non vedrai più il tuo riflesso sulle pareti della tua prigionia, né contemplerai l'immagine distorta della tua vecchia identità. Tutto questo perché quello che sei diventato non può essere definito dal limitato punto di riferimento della tua esistenza terrestre. Non dormirai più nel bozzolo tra i sogni dimenticati a metà. Adesso sei unito all'erba che danza e si abbandona al vento. Ora sei il bambino e i genitori della Vita Unica.

Libri di Almine in Inglese

A Life of Miracles, Mystical Keys to Ascension, 3rd Ed.

Arubafirina, The Book of Fairy Magic, 3rd Ed.

Belvaspata Angel Healing Volume I, The Healing Modality of Miracles, 2nd Ed.

Belvaspata Angel Healing Volume II, Healing through Oneness

Handbook for Healers

How to Raise an Exceptional Child, Practical Wisdom for Spiritual Mastery

Journey to the Heart of God, Mystical Keys to Immortal Mastery, 2nd Ed.

Labyrinth of the Moon, The Poetry of Dreaming, 2nd Ed.

Seer's Wisdom, Guidance for Spiritual Mastery

Secrets of Dragon Magic, The Sacred Fires of the Hadji-ka

Secrets of the Hidden Realms, Mystical Keys to the Unseen Worlds, 3rd Ed.

Secrets of Rejuvenation, Practical Wisdom for Physical Mastery

Seer's Wisdom, Guidance for Spiritual Mastery

The Gift of the Unicorns, Sacred Secrets of Unicorn Magic, 3rd Ed.

Lemurian Science of Immortality,

The Lemurian Science of Peace, Entering the Higher Reality of Mastery

The Ring of Truth, Sacred Secrets of the Goddess, 3rd Ed.

The Sacred Breaths of Arasatma, Alchemical Breathing Techniques of the Ancients

Windows into Eternity, Revelations of the Mother Goddess 5th Ed.

Irash Satva Yoga, The Yoga of Abundance, 2nd Ed.

Saradesi Satva Yoga, The Yoga of Eternal Youth

Aranash Suba Yoga, The Yoga of Enlightenment

Divinity Quest, Activating the Higher Matrix of Godhood in Your DNA

Elfin Quest,

Musica di Almine

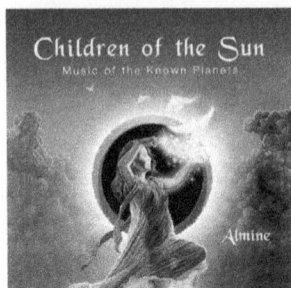

Children of the Sun (Figli del Sole)

Musica dai pianeti conosciuti. I sublimi elisir sonori interstellari ricevuti e cantati da Almine.

MP3 Download: $9.95 USD.
CD: $14.95 USD

Labyrinth of the Moon (Labirinto della Luna)

Musica dai pianeti nascosti. Tutte le voci di questi elisir sono ricevute e cantate spontaneamente da Almine.

MP3 Download: $9.95 USD.
CD: $14.95 USD

Jubilation – Songs of Praise (Giubilo - Canzoni di Lode)

Musica da tutto il mondo per elevare il cuore e ispirare l'ascoltatore. La straordinaria qualità mistica della musica, e la chiarezza squisita della voce di Almine, crea l'impressione ambientale di essere in presenza degli angeli.

MP3 Download: $9.95 USD.
CD: $14.95 USD

Visita il sito di Almine www.spiritualjourneys. com per le località dei ritiri mondiali e le date, corsi online, programmi radiofonici e altro ancora. Ordina i numerosi libri di Almine, CD o un download immediato.

Molti dei libri di Almine e corsi on-line sono disponibili anche in altre lingue come il tedesco, russo, spagnolo, francese, portoghese, danese e olandese.

www.ingramcontent.com/pod-product-compliance
Lightning Source LLC
Chambersburg PA
CBHW030525100426
42813CB00001B/154